LA LOI DU 26 MARS 1891

SUR L'ATTÉNUATION

ET

L'AGGRAVATION DES PEINES

PAR

Henri CAPITANT

DOCTEUR EN DROIT,
AVOCAT A LA COUR D'APPEL DE PARIS.

Extrait de la REVUE CRITIQUE DE LÉGISLATION ET DE JURISPRUDENCE.

PARIS

LIBRAIRIE COTILLON

F. PICHON, SUCCESSEUR, IMPRIMEUR-ÉDITEUR,

Libraire du Conseil d'État et de la Société de législation comparée

24, RUE SOUFFLOT, 24.

1891

LA LOI DU 26 MARS 1891

SUR L'ATTÉNUATION

ET

L'AGGRAVATION DES PEINES

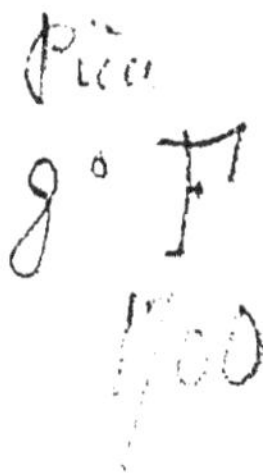

LA LOI DU 26 MARS 1891

SUR L'ATTÉNUATION

ET

L'AGGRAVATION DES PEINES

PAR

Henri CAPITANT

DOCTEUR EN DROIT,

AVOCAT A LA COUR D'APPEL DE PARIS.

Extrait de la REVUE CRITIQUE DE LÉGISLATION ET DE JURISPRUDENCE.

PARIS

LIBRAIRIE COTILLON

F. PICHON, SUCCESSEUR, IMPRIMEUR-ÉDITEUR,

Libraire du Conseil d'État et de la Société de législation comparée

24, RUE SOUFFLOT, 24.

—

1891

LA LOI DU 26 MARS 1891

L'ATTÉNUATION ET L'AGGRAVATION DES PEINES

	Numéros
Sommaire	
Introduction	1-5
I. Atténuation de la peine pour les condamnés primaires	6-23
1° Conditions d'application du sursis	16
2° Situation du condamné après la prononciation du sursis	18
3° Nature juridique du sursis	23
II. Aggravation en cas de récidive	24-36
1° Récidive de peine correctionnelle à peine correctionnelle	25
2° Récidive de peine criminelle à peine correctionnelle	31
Appendice — Jurisprudence	37-39

INTRODUCTION.

1. Les deux termes qu'emploie la rubrique de la loi du 26 mars 1891 étonnent d'abord par leur opposition et par l'antithèse qu'ils forment. Atténuation et aggravation des peines. C'est en effet la première fois que le législateur a cherché à réunir dans une même loi les deux procédés prônés depuis un certain nombre d'années pour combattre la récidive.

Nous voyons ici apparaître avec éclat la distinction si bien mise en lumière de nos jours entre le délinquant primaire, le malheureux qui en est à sa première faute et le délinquant d'habitude, le récidiviste. Atténuation de la peine dans une très large mesure pour le premier, qui n'est pas encore contaminé, aggravation pour le second, puisqu'il est incorrigible, ou, du moins, puisque l'affliction corporelle seule peut avoir action sur lui.

Ces deux idées avaient déjà inspiré dans ces dernières années le législateur : à la première, c'est-à-dire à l'idée d'indulgence, de correction douce, d'amendement moral du délinquant, nous devons la loi du 14 août 1885 sur la libération conditionnelle, le patronage et la réhabilitation. A la seconde, c'est-à-dire à l'idée qu'il faut sévir durement contre le délinquant de profession, l'hôte accoutumé des prisons, nous devons la loi du 5 juin 1875 sur la réforme des prisons départementales et la loi du 27 mai 1885 sur la relégation.

2. Ces trois essais successifs tentés contre la récidive n'ont produit jusqu'à ce jour que fort peu de résultats. La loi de 1875 sur la transformation des prisons départementales est restée une réforme sur le papier. Sur les 366 prisons départementales de France, comme l'a dit M. Bérenger au Sénat, nous n'avons encore que 20 prisons cellulaires, de sorte qu'il faudra 400 ans, si on suit toujours la même allure, pour arriver à une réfection totale.

Quant à la loi sur la relégation, elle n'a produit aucun effet. Mais il n'y a rien à conclure de là contre le système de la transportation en lui-même. D'abord, cette loi contient de nombreuses imperfections qui ont fait dire à M. Garraud : « Je ne connais « pas de loi plus mal faite que la loi sur les récidivistes, je n'en « connais pas qui tienne aussi peu compte des principes géné- « raux qui président dans tout pays civilisé, à l'exercice de la « justice pénale. » De plus, la relégation n'a été appliquée effectivement jusqu'au 1er janvier 1890 qu'à 3020 récidivistes ; or, la moyenne des récidives annuelles dépasse 78,000. Cela fait à peu près un relégué sur 100 récidivistes [1].

La loi sur la libération conditionnelle est appelée à produire des effets plus radicaux. Le dernier rapport de M. le Ministre de l'Intérieur constate que les premiers résultats obtenus

---

[1] Voici comment s'exprime à ce sujet le compte rendu de l'administration de la justice criminelle en 1888 (*Journal Officiel* du 31 janvier 1891) : « En « présence de l'accroissement constant de la récidive, on est obligé de « reconnaître que la loi sur la relégation n'a pas encore produit les effets « qu'on pouvait en attendre ; peut-être ces effets seront-ils plus sensibles « après quelques années d'application. Quoi qu'il en soit, il semble qu'on « peut dès à présent affirmer que les lois répressives sont, à elles seules, « impuissantes à combattre efficament la récidive, et que pour être complète, « l'œuvre de moralisation sociale que poursuit le législateur doit comprendre « prendre indépendamment des dispositions qui punissent la récidive, des « mesures propres à la prévenir. »

sont très satisfaisants, « à quelque point de vue que l'on se place, dit-il, le champ apparaît libre pour l'extension du système inauguré. » 3776 personnes ont bénéficié de la libération conditionnelle depuis l'application de la loi jusqu'au 1er janvier 1890. Mais en cette matière les résultats vraiment sérieux, vraiment définitifs, ne pourront être acquis qu'au bout d'un certain temps et par un exercice prolongé.

3. La nécessité d'un remède plus énergique, plus puissant et par là même plus audacieux se faisait donc sentir. Le nombre des récidivistes augmente chaque année ; la dernière statistique publiée par le Ministère de la justice constate cet accroissement constant, comme du reste les statistiques antérieures. L'augmentation se produit en particulier pour les récidives des petits délits, qui représentent à elles seules les quatre cinquièmes de la criminalité. Voici en effet les chiffres que nous relevons dans la dernière statistique :

Récidivistes correctionnels ayant précédemment subi plus d'une année d'emprisonnement : 15,313.

Récidivistes ayant précédemment subi une peine d'emprisonnement d'un an ou de moins d'un an : 66,595.

Ainsi les libérés de courtes peines d'emprisonnement fournissent 77 p. 100 des condamnés récidivistes.

4. Il y a là une progression vraiment effrayante. Rien ne témoigne plus de l'impuissance et du vice d'une législation pénale que la récidive. « Si les récidives ne sont pas prévenues, si elles « vont en croissant, le système répressif est jugé ; non seulement « il ne va pas à son but, il va contre son but ; non seulement il « n'amende pas, il corrompt. La pierre de touche de la pénalité « est là. » (Ortolan, I p. 566).

Or, il y avait dans notre système répressif deux vices que l'on signalait depuis longtemps. D'un côté, il abusait de l'emprisonnement, et pour les petits délinquants c'est un mal ; la prison, telle que nous l'appliquons, ne corrige pas, elle déprave. D'autre part, le principe de la récidive du Code Pénal présentait un défaut capital : Les articles 57 et 58 décidaient qu'en matière de délits, il n'y avait récidive entraînant aggravation des peines pour le coupable que si la condamnation antérieurement prononcée était supérieure à un an d'emprisonnement. Il en résultait qu'un malfaiteur pouvait être condamné dix ou vingt fois, et même plus, tant qu'il n'avait pas été puni d'une peine d'emprisonnement de plus d'une année, il n'était pas un récidiviste au sens des art. 57 et 58 du Code Pénal.

5. Ce sont ces deux réformes que la loi du 26 mars 1891 a introduites dans notre système répressif. Elle permet de soustraire à l'emprisonnement ceux qui en sont à leur première faute, qui se repentent et pour qui la prison apparaît comme un vrai supplice. Quant aux délinquants d'habitude, quant à ceux qui n'ont pas tenu compte du premier avertissement, elle les punit sévèrement, bien que la condamnation prononcée antérieurement contre eux soit inférieure à une année d'emprisonnement.

La loi Bérenger, car c'est ainsi qu'on la désigne déjà par un juste hommage à son éminent auteur, est donc une loi vraiment originale, elle innove franchement, hardiment. A la différence des lois précédentes, qui s'attachaient au mode d'exécution de la peine, la loi nouvelle s'attache à la peine elle-même qu'elle suspend ou qu'elle aggrave suivant qu'elle est en présence d'un délinquant par accident ou d'un délinquant par profession.

L'étude des dispositions de cette loi se trouve tout naturellement divisée en deux parties.

I. — Atténuation de la peine pour les condamnés primaires.

II. — Aggravation pour les récidivistes.

I.

ATTÉNUATION DE LA PEINE POUR LES CONDAMNÉS PRIMAIRES.

6. Il s'agissait d'épargner la honte et le danger de la prison aux délinquants « dont la faute n'est pas par sa nature exclusive de tout point d'honneur. »

La Commission avait ici le choix entre plusieurs systèmes mis en pratique dans divers pays. On proposait d'abord d'appliquer l'une de ces peines morales connues sous le nom d'admonition, de réprimande ou de loi du pardon, dont le caractère commun consiste en une absolution prononcée par le juge, après avoir reconnu la culpabilité de l'inculpé. Le système de la réprimande judiciaire remonte fort loin. Il était déjà usité en droit romain sous le nom de *severa interlocutio*, et dans notre ancien droit français sous le nom de blâme ou correction par la bouche du juge (Voir Merlin, Rép. v° *Blâme*). Il a été adopté par le nouveau Code pénal italien (art. 26 et 27) pour les infractions peu graves, et il est également pratiqué dans quelques autres pays, tels que le Portugal, la Russie, l'Allemagne, etc. La Commission du Sénat l'a écarté, parce qu'elle a craint que cette simple mercuriale adressée par le juge à l'inculpé n'eût pas une efficacité suffisante et ne fût pas assez exemplaire.

On a de même rejeté la proposition présentée par MM. Michaux, Schœlcher, etc. consistant à remplacer, pour les peines inférieures à deux mois, les journées de prison par un nombre égal de journées de travail.

La Commission a adopté la théorie de la condamnation conditionnelle aujourd'hui si en faveur. Mais ici encore deux procédés se présentaient à elle : le premier, le système anglo-américain, né à Boston, est fort original. Dans ce système, la peine n'est pas prononcée. Un magistrat spécial nommé *probation officer*, ou fonctionnaire éprouveur, est chargé de visiter, d'étudier les individus arrêtés et de mesurer leur degré de moralité. Le *probation officer* peut, après cet examen, proposer au juge de laisser aller l'inculpé indemne pendant un temps d'épreuve fixé. Alors commence pour le magistrat éprouveur une véritable cure morale, l'obligation de surveiller le prévenu, de le retenir dans le droit chemin. Il est secondé dans cette délicate mission par les sociétés de patronage. Si malgré tout, l'inculpé succombe dans le délai, il revient alors devant la justice qui le punit sévèrement à la fois pour le fait ancien et pour le fait nouveau[1].

Ce système qui donne, paraît-il, des résultats bénis en Amérique, n'a pas obtenu faveur ; il présente un inconvénient. Le magistrat peut, quand l'inculpé reparaît devant lui, ne pas se souvenir de la peine qu'il voulait prononcer, ou bien ce n'est plus le même magistrat. D'autre part, les preuves de la première infraction peuvent être dispersées et les témoignages affaiblis.

---

[1] Voir *Bulletin de la Société générale des Prisons*, avril 1891, pages 386 et suivantes.

7. La Commission a adopté le système proposé par M. Bérenger qui est le système du sursis à l'exécution de la condamnation. Il est en usage en Belgique depuis la loi du 31 mai 1888 qui n'a fait que s'approprier les dispositions du projet déposé au Sénat français en 1884, et les résultats obtenus dans ce pays sont déjà très-satisfaisants. Depuis l'application de la loi nouvelle, il a été prononcé en 19 mois, 14,000 condamnations conditionnelles pour lesquelles on n'a eu que 200 rechutes.

Dans ce système, le juge prononce la peine contre l'inculpé, mais il peut en même temps décider que l'exécution en sera suspendue pendant un certain délai.

« La peine sera prononcée, elle sera proportionnée à la gra
« vité du délit, et la vindicte publique recevra à cet égard une
« satisfaction complète. Aucun jugement nouveau ne sera néces
« saire s'il advient que la confiance du juge ait été trompée. La
« répression sera ainsi mieux assurée. » (Rapport de M. Bérenger au Sénat) [1].

8. Quoique moins large et moins audacieuse que le système anglo-américain, la théorie du sursis est cependant tellement nouvelle dans notre droit qu'elle a rencontré de nombreuses objections, et des esprits sages ont laissé percer leurs inquiétudes au sujet de cette innovation qui leur paraissait d'une hardiesse dange-

---

[1] On peut, établir une comparaison intéressante entre la grâce, la libération conditionnelle et le sursis.

Ces trois institutions marquent trois étapes successives au point de vue du développement scientifique du droit criminel.

Le premier moyen employé pour récompenser le condamné qui se conduit bien, c'est la grâce, qui fait cesser la peine, qui arrête son exécution. Ce premier procédé a un inconvénient : il est définitif, irrévocable, même si le condamné se conduit mal, même s'il est indigne de l'indulgence dont on a fait preuve envers lui.

Le deuxième moyen est la libération conditionnelle, supérieure au précédent en ce sens que l'époque à laquelle elle peut être obtenue est fixée et surtout que le libéré reste sous la main de l'administration qui peut le reprendre s'il abuse de sa liberté.

Enfin, troisième procédé, plus radical. On suspend l'exécution de la peine, et c'est le magistrat, et non plus l'administration, qui prononce cette suspension. Mais si le condamné se conduit mal, s'il rechute, il perd tout le bénéfice de cette mesure de clémence, il faut qu'il exécute sa première condamnation.

reuse [1]. On a fait surtout deux objections : La peine, a-t-on dit, cessera de produire son effet salutaire, l'exemple ne sera plus suffisant.

D'autre part, on a prétendu que c'était donner au juge une mission peu compatible avec le caractère essentiel de sa fonction.

Nous ne voulons pas ici discuter la force de ces objections : M. Bérenger y a maintes fois répondu (voir en particulier *Bulletin de la Société générale des Prisons*, novembre 1890, p. 723). Du reste la loi est aujourd'hui entrée en application, et c'est à la statistique qu'il appartient de répondre, de justifier ou d'anéantir ces critiques.

9. Pour étudier les quatre premiers articles de la loi qui se rapportent au sursis, nous nous demanderons d'abord quelles sont les conditions exigées pour qu'un inculpé puisse en bénéficier ; quelle est la situation du condamné après que le sursis a été prononcé ; enfin nous chercherons à déterminer au point de vue juridique la nature de cette nouvelle peine.

1° Conditions d'application du sursis.

16. L'art. 1er de la loi indique deux conditions indispensables : 1° Il faut que la condamnation prononcée soit une condamnation à l'emprisonnement ou à l'amende. 2° Il faut que le condamné n'ait pas subi de condamnation antérieure à la prison pour crime ou délit de droit commun.

11. En premier lieu, il faut que la condamnation prononcée soit une condamnation à l'emprisonnement ou à l'amende. La disposition relative à l'amende ne se trouvait pas dans le projet de loi, et il semble que l'utilité ne s'en faisait pas vivement sentir. En effet, le but de la loi est de soustraire les condamnés à la flétrissure corporelle, comme M. Bérenger l'a fait remarquer au Sénat, et d'autre part, l'efficacité de la condamnation à l'amende paraît exiger son paiement immédiat. Néanmoins, la Chambre des députés a consacré cette extension qui avait déjà été

---

[1] Les critiques ont été présentées parfois d'une façon assez humoristique. Le vieux proverbe, il n'y a que le premier pas qui coûte, disait-on au Sénat, devient un non sens, car le premier pas ne coûtera plus rien. « Avec la condamnation suspensive, prétendait M. Pols, président de la première section du Congrès de Saint-Pétersbourg, on n'aura plus que l'ombre d'un magistrat, appliquant l'ombre d'une peine à l'ombre d'un délinquant. »

proposée par M. Trarieux au Sénat. « Ce que je trouve vicieux et qui me blesse, disait M. Trarieux, c'est qu'à la faveur d'une suspension des effets du jugement, le condamné à l'emprisonnement arrive à une réhabilitation complète, et que cette réhabilitation soit refusée à celui qui en serait le plus digne, par l'indulgence même avec laquelle il aurait été traité. »

Par l'expression, condamnation à l'emprisonnement, la loi se réfère à la peine correctionnelle édictée par l'art. 40, C. pénal. Le sursis ne s'applique donc pas aux peines plus fortes, à la réclusion, aux travaux forcés; il ne pouvait être ici question, en présence de la gravité du crime, de suspendre l'exécution de la peine.

Mais, du moment qu'il s'agit d'une condamnation à l'emprisonnement, le sursis peut toujours être prononcé, sans qu'il y ait à s'occuper du taux de la condamnation, qu'il s'agisse d'un emprisonnement de quelques jours ou de cinq années. Cette dernière disposition a donné lieu à des critiques et la commission a, paraît-il, beaucoup hésité. La loi belge, à la différence de la nôtre, limite la faculté du sursis aux condamnations qui ne dépassent pas six mois d'emprisonnement. Il est en effet certain que l'indulgence du juge doit surtout s'appliquer aux délits inférieurs, aux infractions peu graves. Or, comme le faisait remarquer M. le président Petit à la Société des Prisons : « Tous ceux qui ont passé « par les tribunaux correctionnels savent parfaitement que, pour « que ces tribunaux infligent même un mois de prison à un délin- « quant primaire, il faut que ce délinquant ait commis un délit « relativement grave. » (*Bulletin* de novembre 1890, p. 741) [1].

Cependant, nous croyons que l'absence de limitation ne crée pas un véritable danger, car on peut affirmer, sans craindre de trop s'avancer, que les magistrats useront très-rarement du sursis quand ils prononceront une peine importante, supérieure par exemple à un an d'emprisonnement.

12. Peu importe la juridiction qui prononce la peine de l'emprisonnement; le sursis peut toujours être accordé, non seulement par le tribunal correctionnel ou par la Cour d'appel jugeant

---

[1] Le Congrès de Saint-Pétersbourg a même poussé cette idée à l'excès, et il a décidé que le sursis ne devait être accordé que lorsqu'il s'agissait de contraventions.

correctionnellement, mais aussi par la Cour d'assises lorsqu'elle condamne l'accusé à un simple emprisonnement, que ce soit du reste parce que le jury a écarté les circonstances aggravantes qui donnaient à l'infraction le caractère de crime, ou parce qu'il a admis l'existence de circonstances atténuantes. Ce point ne peut faire aucun doute, les travaux préparatoires donnent des renseignements précis à ce sujet.

La loi nouvelle ne parle pas des tribunaux de simple police, mais il faut évidemment leur reconnaître le droit de prononcer le sursis à l'exécution. C'est surtout pour les petites infractions que cette mesure est utile, et il serait contradictoire qu'il en fût autrement.

13. La deuxième condition exigée par l'art. 1er, c'est que l'inculpé n'ait pas subi de condamnation antérieure à la prison pour crime ou délit de droit commun. L'individu déjà condamné n'est plus digne de l'indulgence de la loi. Il pourra obtenir, s'il se conduit bien pendant la durée de sa nouvelle peine, la libération conditionnelle, mais c'est tout. On ne peut pas faire plus pour lui.

Est-ce à dire que l'individu qui aurait obtenu un sursis et qui plus de cinq ans après sa première condamnation, commettrait une nouvelle infraction et serait condamné, ne pourrait plus voir suspendre l'exécution de cette deuxième peine ? Nous ne le pensons pas ; l'art. 1er parle d'un inculpé ayant déjà *subi* une condamnation, or l'individu qui, ayant bénéficié d'un sursis, n'a pas rechuté dans les cinq ans, n'a ni exécuté ni *subi* sa peine. De plus, nous verrons qu'au bout de cinq années, la condamnation suspendue disparaît définitivement et est effacée par une réhabilitation de plein droit. Du reste, il est peu probable que les magistrats soient portés à renouveler l'expérience du sursis en faveur d'un coupable qui a si mal profité de la leçon, et qui a eu soin de mettre précisément entre ses deux infractions le délai nécessaire pour éviter le premier châtiment prononcé contre lui.

14. Il va sans dire que toute condamnation antérieure a une peine plus forte que l'emprisonnement empêcherait de prononcer le sursis. Mais une condamnation à l'amende ne produirait pas le même effet, cela ne peut faire de doute en présence du texte de l'art. 1er. La loi belge est sur ce point moins large que la nôtre, elle exclut tous les individus condamnés antérieurement

pour crimes ou délits, quelle qu'ait été la condamnation encourue par eux.

Pour que l'inculpé perde le droit au sursis, il faut en outre qu'il ait été antérieurement condamné pour *crime ou délit de droit commun*, et quoique cette expression n'ait pas été expliquée dans les travaux préparatoires, elle est suffisamment claire par elle-même. Cela exclut non-seulement les condamnations prononcées pour crimes ou délits politiques, mais aussi, quoi qu'on en ait dit[1], celles pour crimes et délits purement militaires. Qu'importe du reste, puisque le tribunal a toujours le droit d'accorder le sursis ou de le refuser? Il est probable qn'il n'usera pas de bienveillance envers un inculpé qui s'est rendu coupable auparavant d'un crime militaire présentant une certaine gravité.

15. Telles sont les deux conditions nécessaires pour que le sursis à l'exécution de la peine puisse être prononcé; mais dans ces limites, le pouvoir du juge reste souverain. Libre à lui d'accorder ou de refuser le sursis, comme il le juge à propos.

La loi impose au magistrat un rôle difficile, elle le charge d'examiner attentivement chaque individu, d'évaluer en quelques instants son degré de moralité, les chances de relèvement qu'il présente, de séparer le bon grain de l'ivraie. C'est là une mission aussi belle que délicate. Il est à craindre, en présence de l'encombrement des audiences correctionnelles, que les juges n'aient pas le temps nécessaire pour une appréciation aussi embarrassante et qu'ils n'usent pas assez du sursis, parce qu'ils nepourront pas, avec le nombre d'inculpés qui défilent devant eux, se rendre compte si « la conduite antérieure, la situation morale et les marques de repentir du condamné offrent des garanties suffisantes. »

A ce point de vue, la supériorité du système anglais, dans lequel l'inculpé est soumis à un examen spécial, nous paraît incontestable.

16. Lorsque le juge prononce le sursis, il doit faire connaitre au condamné les conséquences qu'une nouvelle faute, commise dans le délai de cinq ans, entraînerait pour lui. Il faut que celui-ci soit bien averti et qu'il sache que, dans ce cas, la première peine serait exécutée sans confusion avec la seconde et que les peines de la récidive seraient encourues (art. 3).

[1] Voir, M. Julien Brégeault, *Lois nouvelles*, 15 avril 1891, p. 320.

17. Le sursis prononcé par le juge ne suspend que l'exécution de la peine principale. Il en résulte d'abord que le condamné n'en reste pas moins tenu de payer les frais du procès et les dommages-intérêts qui ont pu être accordés à la partie civile. D'autre part, les peines accessoires et les incapacités qui accompagnent la condamnation principale s'appliquent immédiatement sauf à cesser plus tard, au cas où celle-ci disparaîtra (art. 2).

Cette disposition relative aux peines accessoires (privation de certains droits, affiches, etc.), et aux incapacités (inéligibilité, interdiction du droit de voter, etc.), a donné lieu à quelques difficultés. La commission avait d'abord admis que les peines accessoires et les incapacités devaient suivre le sort de la condamnation principale [1], mais on fit observer que ce serait dépasser le but proposé, et qu'il y aurait exagération à laisser un condamné à l'emprisonnement jouir de ses droits civils et politiques.

La condamnation est inscrite au casier judiciaire, mais il est fait mention de la suspension accordée.

2° Situation du condamné après la prononciation du sursis.

18. Art. 1er, § 2 et 3. « Si pendant le délai de cinq ans « à dater du jugement ou de l'arrêt, le condamné n'a encouru au- « cune poursuite suivie de condamnation à l'emprisonnement ou « à une peine plus grave pour crime ou délit de droit commun, « la condamnation sera comme non avenue.

« Dans le cas contraire, la première peine sera d'abord exé- « cutée, sans qu'elle puisse se confondre avec la seconde. »

La loi fixe donc la durée du sursis accordé. Ce système est nouveau, il diffère du système belge qui laisse au juge le soin de déterminer lui-même cette période d'épreuve. Nous préférons la solution de notre loi, elle a l'avantage d'éviter la diversité des jurisprudences, l'arbitraire des solutions. Le délai de cinq ans peut paraître un peu exagéré lorsqu'il s'agit d'une simple condamnation à quelques jours d'emprisonnement ou à l'amende, mais il n'est pas mauvais, surtout dans les premières années d'ap-

---

[1] C'est le système suivi en Belgique. La loi belge ne contient aucune disposition spéciale sur ce point, mais la jurisprudence décide que la suspension s'applique aux peines accessoires et aux incapacités.

plication de la loi, que l'indulgence soit compensée par la longueur du délai d'épreuve imposé au condamné.

D'autre part, le chiffre de cinq ans pourra paraître un peu faible pour les condamnations à plusieurs années d'emprisonnement. Il aurait peut-être fallu viser spécialement ce cas, puisqu'on accordait au juge le droit de prononcer le sursis même en présence d'aussi fortes condamnations, et augmenter ici le délai en le portant à huit ou dix ans suivant la durée de l'emprisonnement.

19. *Point de départ du délai.* — Le délai de cinq ans commence à courir à dater du jugement ou de l'arrêt, c'est-à-dire à partir du moment où la condamnation est devenue définitive. Il nous semble qu'il n'y a pas lieu d'appliquer ici l'art. 24 du Code pénal qui en certains cas tient compte dans la durée de la peine de la détention préalable subie par le prévenu. Cet article suppose que la peine de l'emprisonnement est exécutée, et il n'y a pas de motif pour l'appliquer au cas où la peine est au contraire suspendue.

20. Pour que la condamnation prononcée disparaisse, il faut que le condamné n'encoure, pendant ce délai de cinq ans, aucune poursuite suivie de condamnation à l'emprisonnement ou à une peine plus grave pour crime ou délit de droit commun.

Ainsi, une nouvelle condamnation encourue pour une contravention n'entraînerait pas déchéance du sursis accordé. Il en serait de même d'une simple condamnation à l'amende. De même enfin, une poursuite suivie d'une ordonnance de non lieu ou d'un acquittement ne suffirait pas pour priver le condamné du bénéfice de la suspension de la peine.

Enfin, la condamnation nouvelle ne révoque le sursis, qu'autant qu'elle a été prononcée pour crime ou délit *de droit commun.*

Sur tous ces points, la loi française est plus large que la loi belge; voici en effet comment s'exprime cette dernière : « La condamnation sera comme non avenue si, pendant le délai, le condamné n'encourt pas de condamnation nouvelle pour crime ou délit. »

21. Si le condamné encourt pendant le délai d'épreuve une condamnation à l'emprisonnement ou à une peine plus grave, la condition qui suspendait l'exécution de la première peine se réalise. Cette peine doit donc être subie en totalité sans pouvoir se confondre avec la seconde.

De plus, relativement à la nouvelle condamnation, l'aggravation résultant de la récidive sera encourue dans les termes des art. 57 et 58 du Code Pénal, (art. 3).

22. Supposons maintenant que le délai de cinq ans s'est écoulé sans nouvelle infraction de la part du condamné. L'art. 1er nous dit que, dans ce cas, la condamnation sera comme non avenue. Il ne peut y avoir de doute sur le sens de ces mots qui ont été bien expliqués par le rapporteur au Sénat. « C'est une réhabilitation de plein droit. » La loi belge adopte le même système.

Les propositions de loi présentées d'abord au Sénat n'étaient pas aussi radicales, elles décidaient seulement que la condamnation antérieure serait purgée et que la réhabilitation pourrait être accordée. Nous regrettons que ce dernier système n'ait pas été conservé. La règle adoptée va trop loin, elle dépasse la mesure. En effet, si la condamnation est effacée définitivement par la réhabilitation, le condamné qui, après les cinq ans, commet une nouvelle infraction doit être considéré comme un délinquant primaire [1] et peut obtenir un nouveau sursis. Or, cet individu aura pu être assez habile pour ne pas tomber dans les mains de la justice pendant les cinq années qui ont suivi sa condamnation, et continuer cependant sa vie de débauche ou de vagabondage, fréquenter des gens sans aveu, vivre sans métier avouable. Il n'est pas rationnel de lui accorder sa réhabilitation de plein droit au bout de cinq ans, sans faire une enquête, sans rechercher s'il a mérité cette faveur par sa bonne conduite.

Quoi qu'il en soit, il résulte du système adopté par la loi, qu'au bout de cinq ans, la condamnation est effacée et le condamné n'a pas besoin de demander sa réhabilitation. Il n'a plus rien à se re-

---

[1] Cela importe au point de vue de la relégation. Ainsi, un individu condamné à six mois de prison en 1891, obtient un sursis. En 1897, il est condamné pour vol à plus de trois mois de prison, et en 1898 il encourt deux nouvelles condamnations à plus de trois mois de prison pour délits prévus par l'art. 4 de la loi du 27 mai 1885. Cet individu ne sera pas relégable, parce que la première condamnation prononcée contre lui, ne peut pas compter, puisqu'elle a été effacée par la réhabilitation de plein droit.

procher, la faute qu'il avait commise, la condamnation prononcée contre lui n'ont été qu'un mauvais rêve. Par conséquent, les peines accessoires à la condamnation principale et les incapacités disparaissent aussi. Le casier judiciaire de l'ex-condamné recouvre sa virginité, au moins pour le bulletin numéro deux, délivré aux particuliers, lequel portera la mention « néant ». Mais la constatation de la peine restera inscrite, comme en matière de réhabillitation ordinaire, sur le bulletin numéro un, qui n'est jamais communiqué (art. 4).

Il est inutile d'ajouter que cette réhabilitation de plein droit, ne pourrait pas se cumuler avec la réhabilitation ordinaire, « le temps d'épreuve de trois ans, exigé pour cette dernière, ne commençant à courir qu'à partir de la libération, le condamné conditionnel ne pourrait l'invoquer que si, renonçant au sursis, il exécutait réellement sa peine ». (Rapport de M. Bérenger).

3° *Nature juridique du sursis.*

23. On a déjà essayé de déterminer le caractère juridique de la décision prononcée par le tribunal qui accorde le sursis (voir Gautier, *à propos de la condamnation conditionnelle*, page 2, n. 1 ; Brégeault, *Lois Nouvelles*, 15 avril 1891, page 316). C'est une condamnation conditionnelle, a dit M. Humbert dans son discours au Sénat le 3 juin 1890, mais la condition est une condition résolutoire, en ce sens que si le délai de cinq ans s'écoule sans accroc, la condamnation disparaît. Ce point de vue manque d'exactitude ; la condition résolutoire ne suspend pas l'exécution des obligations, et ici cependant, l'exécution n'a pas eu lieu.

En réalité, nous croyons qu'il y a là une condamnation pure et simple dont l'exécution est subordonnée à la réalisation d'une condition suspensive devant arriver dans un certain délai. Si dans ce délai, la condition se produit, l'exécution de la peine commence immédiatement ; si au contraire les cinq années s'écoulent sans que la condition, c'est-à-dire la nouvelle infraction, se soit réalisée, l'exécution de la peine ne peut plus être exigée. En d'autres termes, le juge dit à l'inculpé : « Je te condamne à six mois de prison, par exemple, mais tu ne subiras cette peine que si, dans le délai de cinq ans, tu commets une nouvelle infraction. »

Il ne faut donc pas dire, comme on l'a fait, (voir *Lois Nouvelles* 15 avril 1891, p. 316), que nous sommes en présence « d'une disposition absolument nouvelle, sans précédent et sans assimilation possible, dont la nature juridique et la dénomination même restent à déterminer. » — Il n'y a ici que l'application des principes ordinaires en matière de condition suspensive.

Cependant l'analyse que nous venons de présenter est encore incomplète, car si on se contente d'appliquer les règles de la condition suspensive, il faut dire qu'au bout des cinq ans, la condamnation sera purgée mais qu'elle devra continuer à subsister, puisqu'elle a été prononcée purement et simplement. Nous avons vu que le législateur est allé plus loin, il a décidé qu'au bout des cinq ans la condamnation s'efface par l'effet d'une réhabilitation de plein droit. Mais ce deuxième effet ne modifie nullement la nature juridique de la décision qui prononce le sursis. Ce n'est qu'une faveur spéciale accordée au condamné.

En résumé, nous sommes ici en présence d'une condamnation pure et simple dont l'exécution est subordonnée à l'arrivée d'une condition suspensive devant se réaliser *intra certum tempus*. Si le délai se termine sans que la condition se soit produite, le condamné obtient sa réhabilitation de plein droit, par le seul effet de l'expiration du temps fixé.

II.

AGGRAVATION EN CAS DE RÉCIDIVE.

24. Sur ce point, le projet de loi a subi de nombreuses modifications, il s'est peu à peu restreint dans une mesure très regrettable et a perdu ainsi une partie de son originalité et malheureusement peut-être de son efficacité.

M. Bérenger s'était surtout proposé, par ce deuxième moyen, de frapper la récidive en supprimant l'abus des courtes peines, que prononcent trop souvent les tribunaux correctionnels, et qui s'accumulent sur la tête du même individu sans produire aucun effet.

Pour remédier à cet inconvénient, le projet étendait d'abord la définition de la récidive correctionnelle donnée par les art. 57 et

58, C. P., et, d'autre part, il imposait au juge l'obligation de prononcer contre le récidiviste des condamnations successivement aggravées, sans pouvoir abaisser la peine en vertu dé circonstances atténuantes. (Voir le premier projet de loi déposé par M. Bérenger, *Bulletin de la Société des Prisons*, avril 1890, p. 424).

Le Sénat considéra que cette rigueur dans les peines de la récidive était incompatible avec l'esprit du droit pénal moderne, et il admit un autre système qui laissait au juge plus de liberté. L'article 463 relatif aux circonstances atténuantes était ainsi modifié :

« S'il y a récidive de crime à délit dans les conditions prévues
« par l'article 57, la peine ne pourra être inférieure à quatre
« mois d'emprisonnement. — En cas de récidive de délit à délit
« dans les termes de l'art. 58, si la peine précédente est de trois
« mois ou inférieure à trois mois, la nouvelle condamnation ne
« pourra être inférieure à celle précédemment prononcée. Si la
« première peine est supérieure, la nouvelle peine ne pourra être
« inférieure à trois mois. — Dans les cas prévus par les deux
« paragraphes précédents, le minimum de la peine s'augmentera
« d'un mois à chaque nouvelle récidive, sans toutefois pouvoir
« dépasser le maximum de la peine simple encourue. »

La Chambre des députés a refusé d'adopter ces restrictions à l'art. 463. Il faut laisser aux magistrats, a-t-on dit, tout leur pouvoir d'appréciation, il serait contradictoire de leur enlever la faculté d'atténuer la peine en cas de récidive correctionnelle, selon les circonstances de la cause et les inspirations de leur conscience, après leur avoir reconnu le droit de suspendre l'exécution des condamnations qu'ils prononcent.

« L'empire, a dit M. Barthou à la tribune, était entré dans
« la voie restrictive de l'article 463 par la loi du 13 mai 1863, et
« bien que les dispositions de cette loi fussent beaucoup moins
« rigoureuses que celles qui ont été adoptées par le Sénat, elles
« furent combattues, et très ardemment à cette époque, par les
« membres les plus autorisés de l'opposition libérale. — Le
« gouvernement de la défense nationale se fit honneur en les
« abrogeant et en rétablissant dans son intégrité l'article 463 relatif
« à l'admission des circonstances atténuantes. »

Ces considérations politiques qu'on s'étonne de rencontrer en pareille matière, ont malheureusement déterminé la Chambre à rétablir l'art. 463 dans son intégrité. Le Sénat, désireux d'arriver à l'entente, a capitulé et ainsi la deuxième partie de notre loi, relative à l'aggravation des peines, s'est trouvée restreinte à la disposition suivante : modification de la définition de la récidive correctionnelle et extension de cette récidive aux délits punis de peines inférieures à un an d'emprisonnement.

Ces changements sont à notre avis très regrettables et nous déplorons les restrictions apportées au texte primitif. M. le rapporteur au Sénat n'a dû les admettre qu'à regret, et avec le secret espoir sans doute qu'on reviendrait un jour sur ces modifications.

Nous diviserons l'étude des nouveaux art. 57 et 58 en deux paragraphes :

1° Récidive de peine correctionnelle à peine correctionnelle (art. 58).

2° Récidive de peine criminelle à peine correctionnelle (art. 57).

1° Récidive de peine correctionnelle à peine correctionnelle
(art. 58).

25. La peine est aggravée lorsqu'il y a récidive de délit à délit, quel que soit le chiffre de la première condamnation, même si elle est inférieure à une année d'emprisonnement.

La lacune du Code est ainsi comblée ; ainsi se trouve supprimée « cette sorte de champ réservé où le malfaiteur pouvait se donner libre carrière, sans s'exposer à l'aggravation légale de la récidive. » Cela était urgent, car, comme le disait le rapport de M. Bérenger, il était constaté que ce domaine privilégié représentait plus des neuf dixièmes de la criminalité.

La nécessité de cette réforme se faisait d'autant plus sentir, que la loi du 27 mai 1885 tient compte des petites condamnations pour la récidive spéciale qu'elle punit de la relégation. Il y avait donc là une anomalie qu'il importait de supprimer.

L'aggravation résultant de la petite récidive est ainsi indiquée par le nouvel art. 58 § 2 : « peine d'emprisonnement qui ne pourra être inférieure au double de celle précédemment prononcée, sans toutefois qu'elle puisse dépasser le double du maximum de la peine encourue. »

26. Mais la loi nouvelle introduit dans la définition de la récidive deux conditiohs que le Code pénal ne connaissait pas.

Première condition : L'aggravation de la peine n'est encourue qu'autant qu'il s'agit de *récidive spéciale,* c'est-à-dire lorsque le coupable commet le même délit qu'il avait déjà commis auparavant. Le Code pénal, au contraire, avait adopté le système de la *récidive générale,* c'est-à-dire qu'il aggravait la peine même quand le coupable avait commis des infractions de nature différente.

Sur la supériorité de l'un ou de l'autre procédé, les criminalistes discutent depuis longtemps. Pour Ortolan, le système de la récidive spéciale « est l'enfance de la pénalité », l'autre, celui de la récidive générale, « arrive à mesure que la science se forme et que la vue du législateur s'élargit. » (Ortolan, I, p. 570 ; *Contra* Chauveau et Faustin-Hélie, I, p. 393).

L'expérience n'a pas donné raison à Ortolan. Le système de la récidive spéciale a prévalu dans la plupart des législations étrangères au moins pour les petites infractions peu graves. (Code pénal des Pays-Bas, art. 421 à 423 ; Code pénal italien, art. 80 et 84 ; Code grec, art. 111 ; voir Yvernès, *De la récidive et du système pénitentiaire en Europe,* p. 5 à 20).

Ce système présente en effet des avantages lorsqu'il est restreint dans ces limites étroites. Quand il s'agit d'infractions d'ordre inférieur, la perversité résulte surtout de la reproduction de la même faute. Du reste, la nouvelle loi a tempéré les inconvénients que pourrait avoir la spécialité, en assimilant entre eux certains délits qui présentent des liens d'analogie assez frappants.

D'une part, le vol, l'escroquerie et l'abus de confiance sont considérés comme étant, au point de vue de la récidive, un même délit.

D'autre part, il en est de même des délits de vagabondage et de mendicité.

La Chambre des députés avait refusé d'abord d'admettre cette assimilation, qui lui paraissait inutile et injuste. « Quelle raison, « disait M. Barthou dans son rapport, d'appliquer, en ce qui

« concerne la récidive, la même règle à l'abus de confiance puni
« de deux ans de prison au maximum, et au vol qui peut entraî-
« ner une condamnation de trois à cinq ans ? Et ne peut-il pas,
« dans certaines circonstances, y avoir une certaine injustice à
« confondre, dans l'extension d'une répression rigoureuse, la
« mendicité et le vagabondage ? » Mais, sur les observations très
justes de M. Bérenger (Sénat, séance du 19 mars 1891), ces dispositions furent rétablies.

Il est certain que l'énumération des délits assimilés est limi- ·
tative et qu'aucune extension ne peut être faite [1]. Cependant il
résulte des déclarations faites par M. Barthou à la Chambre, qu'il
faut comprendre dans la première classe, vol, escroquerie et abus
de confiance, les délits prévus par les articles 406 et 407 (abus des
besoins, faiblesse ou passions du mineur; abus de blanc-seing).

La Cour de Paris a déjà fait une application de cette règle
par arrêt du 16 avril 1891 (journal *Le Droit* du 7 mai 1891, voir
à la fin de notre étude).

27. La *deuxième condition* exigée par l'article 58 est que le
coupable ait commis de nouveau le même délit ou un des délits
assimilés, dans un délai de cinq ans après l'expiration de la première peine ou sa prescription.

Cette deuxième condition, qui ne se rencontrait pas dans le
projet primitif présenté par M. Bérenger, constitue aussi une
innovation. D'après le Code pénal, les peines de la récidive étaient
encourues sans qu'il y eût à tenir compte du temps écoulé entre
la première condamnation et la nouvelle infraction.

Les criminalistes admettent assez généralement qu'il est utile
d'établir ainsi un délai pour l'aggravation résultant de la récidive,
surtout quand il s'agit d'infractions peu graves.

« Les éléments constitutifs de la récidive, aggravation de la
« perversité et par suite du danger social, mépris et inefficacité
« de l'avertissement reçu, ne se rencontrent véritablement que
« dans la répétition à court terme des actes coupables. » (Rapport
de M. Bérenger).

---

[1] La loi du 27 mai 1885 sur la relégation avait déjà assimilé plusieurs
sortes de délits, au point de vue de la récidive spéciale qu'elle prévoit
(art. 4).

La fixation d'un délai est surtout nécessaire quand on admet le principe de la récidive spéciale, car ici l'habitude, qui est la caractéristique de la récidive, suppose la reproduction de l'infraction dans un temps assez court.

Du reste on a constaté souvent que la récidive se produit surtout dans les premières années qui suivent l'exécution de la peine.

Beaucoup de législations étrangères n'aggravent la peine qu'autant que les infractions se sont succédé dans une période de temps déterminé (Code pénal allemand, Code pénal des Pays Bas, Code pénal belge, Code pénal italien art. 80, etc.).

Telles sont les règles de la *petite récidive* que la loi nouvelle a établie. Elles sont assez satisfaisantes et comblent une véritable lacune [1]. Malheureusement, il n'est pas possible d'en dire autant des modifications que la loi a apportées aux espèces de récidive prévues déjà par le Code pénal.

28. *Récidive correctionnelle au cas où la première condamnation est supérieure à un an d'emprisonnement.* — Cette récidive, que le Code pénal prévoyait, fait l'objet d'une disposition spéciale de la loi nouvelle, le paragraphe 1er de l'art. 58.

---

[1] Il reste toujours malgré ces retouches, des différences peu rationnelles entre le système de la loi sur la relégation et la nouvelle récidive du Code pénal. C'est ainsi qu'un individu pourra être récidiviste aux termes de la loi de 1885, et par conséquent relégable, sans être cependant récidiviste au sens des art. 57 et 58.

En effet, d'après la loi de 1885, la période d'épreuve pendant laquelle les condamnations doivent avoir été prononcées, est de dix ans au lieu de cinq. De plus, cette loi n'exige pas la reproduction du même délit, ou plutôt, la liste des délits qu'elle assimile est beaucoup plus large que celle du nouvel art. 58.

Par exemple, un individu condamné à la réclusion sort de prison en 1882, il est condamné de nouveau en 1888, c'est-à-dire plus de cinq ans après, à plus de trois mois pour vol, et en 1889 à plus de trois mois de prison pour vagabondage (art. 277, 279, C. p.). Il est relégable, mais il n'est pas récidiviste au point de vue du Code pénal.

De même, pour l'individu qui aurait été condamné : 1º en 1880 à plus de 3 mois de prison pour vol, 2º en 1881 à plus de 3 mois de prison pour vagabondage prévu par les art. 277 et 279, et qui encourrait de nouveau les deux mêmes condamnations en 1887.

Tout d'abord, l'aggravation est différente de celle de la petite récidive, elle est restée la même que sous le Code pénal : maximum de la peine portée par la loi et cette peine peut être élevée jusqu'au double.

En outre, on a cru utile d'introduire ici les principes nouveaux que l'on venait d'appliquer à la petite récidive. Il en résulte que, lorsque le premier délit a été puni d'une condamnation supérieure à un an d'emprisonnement, la récidive n'entraîne aggravation que 1° Si le coupable commet de nouveau le même délit ou un délit assimilé, 2° S'il le commet dans le délai de cinq années après l'expiration de la peine ou sa prescription.

Il est très important de remarquer que la première condition, qui exige la reproduction du même délit, n'a été introduite dans la loi que par erreur. La Chambre des députés avait, sur la proposition de son rapporteur, supprimé cette condition et remplacé dans le premier alinéa de l'article 58 les mots « coupables *du même délit* ou d'un crime » par ceux-ci « coupables *d'un délit* ou d'un crime ». Quand la première peine est supérieure à une année d'emprisonnement, disait en substance le rapport de M. Barthou, la règle de l'identité d'infraction ne se justifie plus. La criminalité de l'individu est grave, et elle s'accentue par l'accomplissement d'une infraction nouvelle, quelle qu'en soit la nature. Lorsque le projet de loi revint devant le Sénat, M. Bérenger fit remarquer qu'une erreur matérielle s'était glissée dans le texte voté par la Chambre et qu'il fallait remplacer les mots « coupables d'un délit » par ceux-ci « coupables du même délit. » Cette prétendue rectification fut faite sans revenir sur le vote.

L'erreur venait donc en réalité du Sénat et non de la Chambre. Au retour du projet à la Chambre des députés, M. Barthou se contenta de signaler la modification apportée par le Sénat au paragraphe 1er de l'article 58 sans faire d'objection.

On ne peut que déplorer cette innovation qui s'est introduite subrepticement dans la loi. M. Barthou en avait, à notre avis, fort bien expliqué les dangers ; la spécialité de la récidive ne se justifie pas en matière d'infractions graves. Du reste les résultats de ce système commencent déjà à se faire sentir, et nous en trouverons la preuve dans un récent arrêt que vient de rendre la Cour de Paris. (Voir à la fin de notre étude).

29. Il résulte de cette correction qu'il faut maintenant distinguer, en matière de récidive prévue par l'article 58 § 1er, suivant que la deuxième condamnation à l'emprisonnement est prononcée pour délit ou au contraire pour crime. Dans ce second cas, en effet, il ne saurait être question de reproduction de la même infraction, puisqu'en réalité il y a récidive de délit à crime. La seule condition exigée dans ce cas pour qu'il y ait aggravation est donc que le condamné ait commis le crime dans le délai de cinq ans.

30. En résumé, l'ancienne récidive correctionnelle prévue par le Code pénal se trouve singulièrement restreinte, puisque sous le système du Code, elle était générale et n'admettait pas de délai.

Les conditions qui ont été introduites en cette matière sont sujettes à beaucoup de critiques. Le délai de cinq ans en particulier peut paraître beaucoup trop court lorsqu'il s'agit de graves infractions.

Quoi qu'il en soit, n'est-il pas étrange que la nouvelle loi qui était destinée à aggraver les peines de la récidive, les ait atténuées dans une mesure aussi considérable? — On peut craindre que les résultats pratiques ne soient pas satisfaisants. Déjà la Cour de Paris a dû constater par arrêt du 9 avril dernier qu'un individu qui avait subi 53 condamnations, et qui tombait sous le coup de l'ancien article 58, n'était plus un récidiviste au sens de la nouvelle loi. (Voir à la fin de notre étude).

2° *Récidive de peine criminelle à peine correctionnelle* (art. 57).

31. Deux modifications ont été apportées au texte de l'ancien article 57.

1° Il n'y a plus d'aggravation lorsque la seconde peine prononcée est une amende, il faut que ce soit l'emprisonnement.

2° Il faut que l'infraction punie de la peine de l'emprisonnement ait été commise dans un délai de cinq années après l'expiration de la première peine ou sa prescription. Ici encore ce délai de cinq ans peut être critiqué; dans certains cas il sera trop bref. On peut dire pour le défendre que la récidive se produit surtout dans les premières années qui suivent la libération.

Ici encore il faut constater que la loi nouvelle est beaucoup plus douce que le Code pénal pour la récidive de peine criminelle à peine correctionnelle.

32. Telles sont les principales modifications qui ont été apportées en matière de récidive. L'article 56 du Code pénal n'a pas été modifié, donc la récidive de peine criminelle à peine criminelle reste soumise aux anciennes règles, c'est-à-dire qu'elle est générale et non pas spéciale, et qu'elle entraîne aggravation, quel que soit le temps écoulé entre les deux crimes.

33. La nouvelle loi a supprimé dans les articles 57 et 58 les dispositions spéciales à la surveillance de la haute police, qui n'existe plus depuis la loi du 27 mai 1885.

Ces dispositions ont été remplacées dans l'art. 57 par le droit pour les tribunaux de prononcer contre les condamnés récidivistes l'interdiction de séjour pendant cinq ans au moins et dix ans au plus.

En ce qui concerne l'art. 58, on s'est contenté de supprimer ce qui avait trait à la surveillance de la haute police, sans rien mettre à la place. Il en résulte que les tribunaux ne peuvent pas prononcer l'interdiction de séjour contre les récidivistes correctionnels. Mais il n'y a pas là grand danger, car ils pourront la prononcer en vertu des articles spéciaux du Code pénal, pour la plupart des délits.

34. Le rapport de M. Bérenger ajoute que ce sont là les seules modifications qu'on ait voulu apporter aux articles 57 et 58. La commission n'a pas été d'avis de trancher les nombreuses et délicates questions que soulève l'application de ces articles dans la pratique. Cette étude l'eût conduite trop loin.

En particulier, il résulte de cette déclaration que le nouveau texte de nos articles laisse toujours subsister la célèbre controverse sur le point de savoir si ces articles doivent s'appliquer au cas où la seconde infraction est un crime puni de peines correctionnelles par suite de l'admission de circonstances atténuantes (Garraud, II, n° 162). Il est vrai que dans la nouvelle rédaction les mots « délit ou crime qui devra n'être puni que de peines correctionnelles », ont été remplacés par ceux-ci « délit ou crime qui devra être puni de la peine de l'emprisonnement »;

mais, quoi qu'on en ait dit (Voir, *Lois nouvelles*, 15 avril 1891, p. 333), cette simple modification ne peut exercer aucune influence sur la solution de cette question.

35. Telles sont les dispositions de la nouvelle loi relatives à l'aggravation des peines au cas de récidive. On sait que la Chambre a refusé d'adopter le reste du projet qui avait pour but de modifier l'art. 463, C. pénal, et de restreindre le droit pour le juge d'abaisser la peine en cas de circonstances atténuantes.

36. *Art. 6 et 7 de la nouvelle loi.* — Art. 6. « La présente « loi est applicable aux colonies où le Code pénal métropolitain « a été déclaré exécutoire en vertu de la loi du 8 janvier 1877. « Des décrets statueront sur l'application qui pourra en être faite « aux autres colonies. » Un décret a été promulgué le 24 avril 1891 (Voir le journal *La Loi* du 4 mai).

Art. 7. « La présente loi n'est applicable aux condamnations « prononcées par les tribunaux militaires qu'en ce qui concerne « les modifications apportées par l'art. 5 ci-dessus, aux art. 57 « et 58, C. pénal. »

JURISPRUDENCE.

1° *Application du sursis.*

37. Les tribunaux ont déjà usé maintes fois du droit de suspendre l'exécution de la condamnation. Le lendemain même du jour où la loi a été promulguée, la 11ᵉ chambre du tribunal de Seine en faisait deux applications très intéressantes. Depuis, la 9ᵉ chambre a accordé le sursis à un individu qu'elle a condamné à six mois de prison pour avoir détourné des bijoux. (Audience du 14 avril 1891).

Le sursis a aussi été accordé au sujet d'une simple amende prononcée pour délit de pêche par le tribunal de Rouen. (Voir le journal *Le Droit*, 7 mai 1891).

Dans une des dernières applications, faite par la 8ᵉ chambre du tribunal de la Seine le 5 mai dernier, au sujet des manifestations du 1ᵉʳ mai, on peut découvrir une tendance très intéressante. Ceux des prévenus qui n'ont pas obtenu la suspension ont été frappés de peines allant de 4 à 6 jours de prison. Deux au contraire ont bénéficié du sursis, mais le tribunal les a condamnés beaucoup plus rigoureusement, il a prononcé contre eux un emprisonnement d'un mois. Il serait à souhaiter que cette tendance se généralisât, car, ce peut être un frein salutaire pour le condamné qui s'observera d'autant plus qu'il sera menacé d'une peine plus forte [1].

2° Récidive.

38. En cette matière, la Cour de Paris a rendu trois arrêts qui présentent beaucoup d'intérêt.

Non rétroactivité de la loi. — La Chambre des appels correctionnels a décidé le 21 avril 1891 que le principe de la non rétroactivité ne permettait pas d'appliquer l'article 58 § 2° créant la petite récidive aux délits commis avant la promulgation de la loi. Dans l'espèce, il s'agissait d'un individu condamné pour vol le 5 juin 1889 à un mois de prison et qui avait commis un nouveau vol, le 21 février 1891.

Cette décision est conforme au principe qui veut que la loi pénale qui aggrave une peine n'ait aucun effet rétroatif.

Mais une question peut se poser. Faudrait-il encore donner la même solution pour le cas où le second délit seul aurait été commis après la promulgation de la nouvelle loi? En d'autres termes, pour que la loi nouvelle puisse s'appliquer, faut-il que les deux infractions, nécessaires pour créer la récidive, soient l'une et l'autre postérieures à cette loi? Ici le doute est permis, la solution affirmative retarde beaucoup l'application de la loi. Cependant elle semble s'imposer. Si, pour appliquer les peines de la petite récidive créée par cette loi, ou tient compte d'une condamnation antérieure à sa promulgation, il est certain qu'on aggrave cette condamnation en lui faisant produire un effet qu'elle ne produisait pas au moment où elle a été encourue.

---

[1] M. Rollet, avocat à la Cour de Paris, a très bien montré que le succès de la nouvelle loi dépendait beaucoup des sociétés de patronage. Il faut que ces sociétés viennent offrir leur concours, à l'audience même, aux condamnés à qui le tribunal vient d'accorder le sursis de la peine. (Voir les observations présentées par lui, dans le *Bulletin de la Société des Prisons* avril 1891, p. 446).

Il n'y a pas à sortir de là. Il est vrai que c'est seulement la nouvelle condamnation qui entraîne l'aggravation de la peine, mais cela ne fait rien ; si la nouvelle condamnation est plus rigoureuse, c'est parce qu'elle a été précédée d'une autre, qui, au moment où elle a été prononcée, ne comptait pas pour la récidive.

Je crois du reste trouver un argument formel à l'appui de cette opinion dans l'art. 9 de la loi du 27 mai 1885 sur la relégation. Cet article, prévoyant la question, a eu soin de déroger au principe de la non rétroactivité, et il a décidé que les condamnations encourues antérieurement à cette loi seraient comptées en vue de la relégation. (Voir rapport de M. de Verninac, S. 85, lois annotées, p. 831, n. 33) [1].

Il est regrettable que la loi nouvelle ne contienne pas une disposition analogue à cet art. 9.

39. La chambre des appels correctionnels de la Cour de Paris a rendu deux arrêts relatifs aux nouvelles conditions d'application de la récidive, identité d'infractions et reproduction dans les cinq ans.

Dans le premier arrêt, rendu le 6 avril dernier (voir le journal *Le Droit* du 7 mai 1891), il s'agissait d'un individu poursuivi pour escroquerie. Cet individu avait déjà été condamné à 2 ans de prison pour vol en 1882, et à 13 mois de prison le 16 avril 1889 pour extorsion de sommes d'argent, par application de l'art. 400, C. pénal. Poursuivi pour escroquerie, le tribunal de la Seine l'avait condamné comme récidiviste à 13 mois de prison et 50 francs d'amende. La Cour a dû infirmer ce jugement, et décider que cet individu n'était plus un récidiviste aux termes du nouvel art. 58, parce qu'il n'avait pas été condamné deux fois pour le même délit dans le délai de cinq ans. On ne peut pas en effet assimiler le délit d'extorsion de sommes d'argent pour lequel il avait été condamné en 1889 au délit d'escroquerie pour lequel il était poursuivi.

---

[1] Je dois cependant constater que plusieurs décisions judiciaires ont déjà appliqué les peines de la petite récidive, en tenant compte de condamnations prononcées antérieurement à la loi. Trib. correct. de Rouen, 14 avril 1891, aff. Delestre ; Trib. de Louviers, 9 avril 1891 et Cour de Rouen, 8 mai 1891 ; Cour de Rouen, 14 mai 1891.

Dans le deuxième arrêt, rendu la 9 avril dernier (voir le journal *Le Droit* du 10 avril), il s'agissait d'un individu ayant *subi cinquante-trois condamnations*, dont une à 15 mois de prison en 1874 et une autre à 2 ans en 1878, comportant un ensemble de 21 ans d'emprisonnement. Il était poursuivi pour vagabondage, et n'avait pas été condamné pour ce délit depuis plus de cinq ans. Le tribunal lui avait appliqué les peines de la récidive. La Cour a justement infirmé son jugement, et décidé que cet individu n'était plus un récidiviste au sens de l'art. 58, puisqu'il n'avait pas encouru dans le délai de cinq ans deux condamnations pour le même délit.

Voilà donc les conséquences de la nouvelle loi ; deux condamnés, dont l'un a fait dans sa vie plus de 3 ans de prison et l'autre 21 ans ne sont plus des récidivistes et ne tombent plus sous le coup du nouvel article 58.

De tels résultats se passent de commentaires ; si cela continue, il faudra sans doute remédier au danger et remanier de nouveau les dispositions de la loi pénale relatives à la récidive.

Paris. — Imp. F. Pichon, 282, rue Saint-Jacques, et 24, rue Soufflot.